Ravensburger Hobbybücher

Dietrich Kirsch · Jutta Kirsch-Korn

Blumen aus Papier und Perlen

Ein neues, reizvolles Hobby:
leuchtend bunte Blumen selbstgemacht
für viele Gelegenheiten

Otto Maier Verlag Ravensburg

Alle in diesem Buch veröffentlichten Blumenmodelle und Arrangements sind urheberrechtlich geschützt und dürfen nur mit ausdrücklicher Genehmigung des Verlages nach Rücksprache mit den Urhebern gewerblich genutzt werden.

Layout und Zeichnungen:
Dietrich Kirsch/Jutta Kirsch-Korn
Fotos: Sigwart Korn, Krefeld
Printed in Germany
ISBN 3-473-45527-X
78 77 8 7 6

Inhaltsübersicht

Blumen aus Papier und Perlen haben ihre besondere Schönheit. Sie wollen keineswegs Nachbildungen der natürlichen Blumen sein. Vielmehr sind Papierblumen kunstvolle, eigenwertige Gebilde, die man bewundert wegen ihrer phantasievollen Farbenpracht oder der Kostbarkeit ihres glänzenden Perlenschmucks. Ihr Vorteil: Mit ihren biegsamen Stielen lassen sich die Blumen spielend leicht arrangieren.
Gewiß haben Sie Papierblumen schon irgendwo einmal gesehen und sich dabei überlegt, wie man die Blüten selber machen könnte. In diesem kleinen Buch finden Sie eine reiche Auswahl der verschiedensten Papierblumenarten. Denn mit Papierblumen können Sie sich und anderen immer neue Freude bereiten.

Nach den kurzen Anleitungen und den vielen Fotos können Sie leicht, schnell und mit geringem Materialaufwand die schönsten Blütengebilde herstellen. Papier, Perlen, kleine Weihnachtskugeln, Draht und Klebstoff sind im wesentlichen schon alles, was man für die Blumen braucht.
Schon eine einzelne selbstgemachte

Papierblume kann ein wirkungsvolles und sehr persönliches Geschenk bei kurzfristig angesagten Einladungen sein. Manche gekauften Geschenke – Gläser, Vasen, Körbchen – eignen sich dafür, sie zusammen mit hineingestellten Papierblumen zu überreichen. Sogar ein Kochtopf kann durch einen Papierblumenstrauß zum originellen Geschenk werden. Aber auch auf bereits verpackten Geschenken lassen sich Papierblumen mit einer Schleife sehr wirkungsvoll dekorieren.

Und in Ihren eigenen vier Wänden? Natürlich gibt es dort erstaunlich viele Gelegenheiten, bei denen Sie mit Papierblumen besonders schöne Überraschungen erreichen können: Blütenbaum und Girlanden für eine Party, Blumenkranz zum Geburtstag, Bonbonblüten für ein Kinderfest oder Osterblumen auf den Frühstückstisch. Ein Tip für Teenager und Twens: Papierblumen als Wandschmuck im Bilderrahmen.

Die Blütenumrandung auf dieser Doppelseite zeigt die Rosettenblume in den verschiedensten Abwandlungen. Wie man sie macht, erfahren Sie auf den Seiten 28 bis 31.

Kleine Perlenblume

Die kleine Perlenblume ist wegen ihrer kostbaren Blütenmitte besonders reizvoll. Glas- und Holzperlen, die man dafür verwendet, lassen sich in vielen Variationen zusammenfügen. Sie sind das eigentliche Schmuckstück dieser Blüten.
Ein wenig Zeit und Geduld müssen Sie allerdings haben, wenn Sie eine größere Anzahl Perlenblumen zum Blühen bringen möchten.
Auf dem nebenstehenden Foto sehen Sie zum Beispiel die Perlenblumen zum Bukett auf eine Halbkugel gesteckt, arrangiert in einem grün gestrichenen Holzrahmen, das ist ein sehr dekorativer Wandschmuck. Falls Sie auf den Rahmen verzichten wollen, sollten Sie an der Halbkugel vor dem Bestecken ein Schleifenband anbringen, mit dem Sie das Bukett später an die Wand heften. Für diese Halbkugel braucht man 28 Blüten.
Natürlich können Sie auch eine ganze Kugel zum Aufhängen mit den Perlenblumen bestecken, allerdings brauchen Sie dann die doppelte Anzahl Blüten. Die besteckte Kugel wird zum Schluß mit einem Aufhängeband versehen.
Um mit der Arbeit beginnen zu können, benötigen Sie für die Halbkugel: 3 Rollen Kreppapier in verschiedenen Grün-Tönen, Silberdraht, Blumendraht, viele verschiedene Perlen aus Holz und Glas, 1 Hartschaumhalbkugel (aus Styropor, 10 cm Durchmesser), dazu Kombizange, Schere, Metermaß und Alleskleber.
Sie beginnen mit den Blütenmitten (Perlenrosetten). Für die Anordnung der Perlen gibt es sechs verschiedene Möglichkeiten (Zeichnung 1).
Die Perlenmitten sollten nicht breiter als 2 cm sein.
Fädeln Sie zum Beispiel auf einen 14 cm langen Silberdraht 4 Perlen (Zeichnung 2), und binden Sie den Perlenring so, daß die Drahtenden zusammengedreht den Stiel ergeben

1

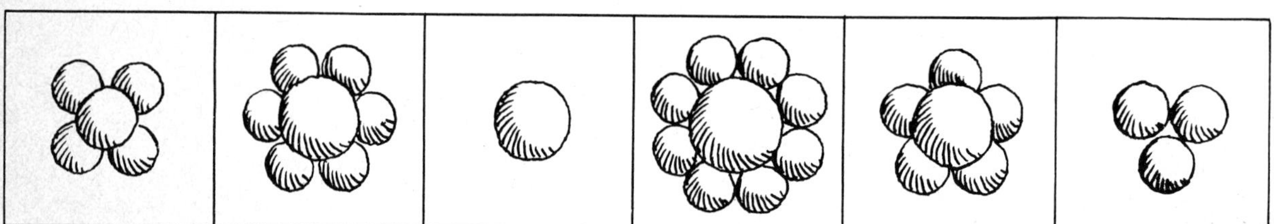

2

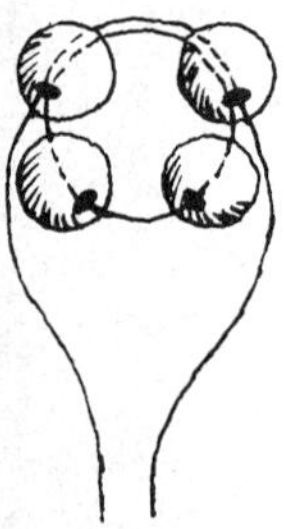

3

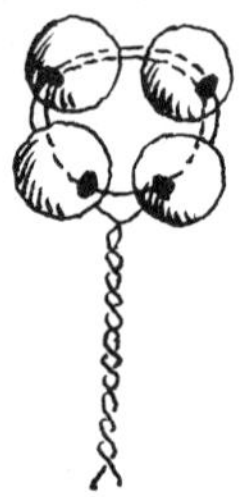

4

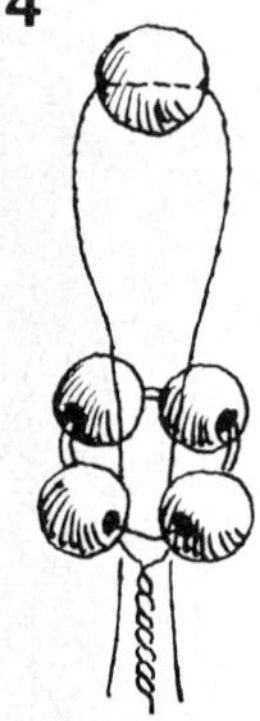

5

6

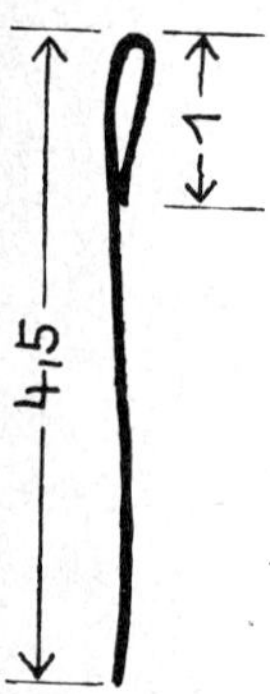

7

(Zeichnung 3). Dann fädeln Sie noch eine Perle auf einen zweiten Draht und fügen diese in die Mitte des Perlenkranzes ein (Zeichnung 4). Alle Drahtenden werden miteinander verdreht (Zeichnung 5). Ein 5,5 cm langer Blumendraht mit einer 1-cm-Öse (Zeichnung 6) dient als Verstärkung des Stiels (Zeichnung 7). Jetzt wird der Stiel kurz unterhalb der Perlen mit einem 2 cm breiten Kreppapierstreifen ein paarmal umwickelt (Anfang und Ende des Streifens mit Klebstoff befestigen). Diese Manschette ist wichtig für das spätere Anbringen der Blütenblätter. Nach dem gleichen Schema können Sie nun auch alle übrigen fünf Möglichkeiten der Perlenrosetten (Zeichnung 1) arbeiten, bis Sie einen Vorrat von 28 Blütenmitten zusammenhaben.

Und nun die Blütenblätter aus Kreppapier: Schneiden Sie von jeder geschlossenen Rolle 12 cm ab. Dann werden aus dem auseinandergefalteten Rollenstück mit Hilfe einer Pappschablone 4mal etwa 20 Blätter ausgeschnitten (Zeichnung 8). Die Blätter müssen in der Breite dehnbar sein. Schneiden Sie aus den beiden anderen Rollen weitere Blütenblätter in gleicher Weise, im ganzen 240 Stück.

Bevor Sie nun die grünen Blütenblätter an die Perlenmitten kleben, müssen Sie die Breite jedes Blattes noch ein wenig ausdehnen, und zwar mit beiden Daumen, so daß sich die Blätter etwas wölben.

8

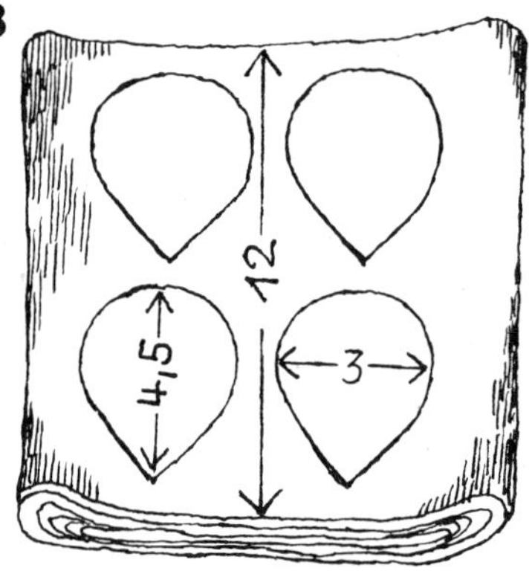

9

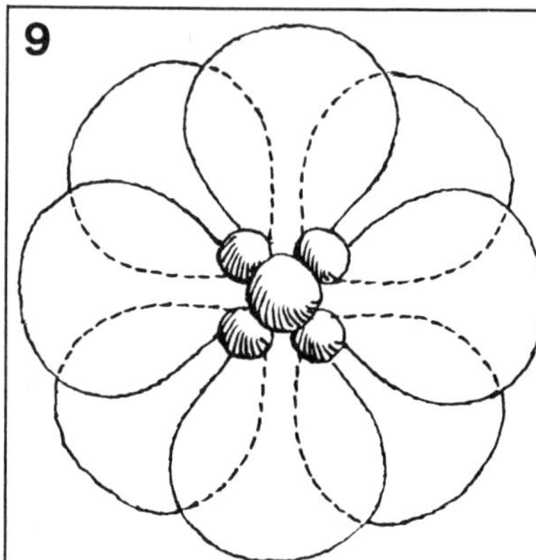

Und jetzt heften Sie mit Klebstoff 0,5 cm unterhalb der Perlenrosetten je 8 Blütenblätter an den mit Kreppapier umwickelten Drahtteil in folgender Anordnung: erst 4 Blätter kreuzförmig, dahinter weitere 4 Blätter auf Lücke gesetzt (Zeichnung 9).
Wenn schließlich alle 28 Blüten fertig sind, bestecken Sie die Hartschaumhalbkugel mit den grünen Blüten zu einem üppigen Bukett. Mit einem dünnen, langen Nagel, auf den Sie den Schaumstoffteil nur aufzudrücken brauchen, befestigen Sie die Blütenhalbkugel an der Wand. Danach hängen Sie den Rahmen auf.
Selbstverständlich lassen sich die kostbaren Perlenblumen auch mit langen Stielen zum duftigen Blumenstrauß binden und auf einem Päckchen mit Schleife arrangieren (Foto oben). Dabei werden die 20–25 cm langen Blumendrahtstiele mit Kreppapier umwickelt.

Blütenkranz

Der Blütenkranz – als Geburtstagsüberraschung arrangiert – ist ganz einfach und ohne großen Zeitaufwand herzustellen.
Als Material brauchen Sie: 7 Rollen Kreppapier (6 verschiedene Rot- und Violett-Töne, 1 Grün), 1 Hartschaumring (Styropor) von 30 cm Durchmesser, Blumendraht, dazu Schere, Kombizange, Metermaß und Alleskleber.
Für den Blütenkranz müssen Sie 36 Blüten anfertigen. Und so werden sie gemacht: Schneiden Sie von jeder Kreppapierrolle 48 cm ab, und schneiden Sie jede Rollenbreite (50 cm) in 6 gleiche Streifen von je 8,3 cm. Insgesamt haben Sie dann also bei 6 Farbtönen 36 Papierstreifen in einer Länge von 48 cm. Dann wird die Länge jedes Streifens 4mal übereinandergefaltet, bis eine Fläche von 3×8,3 cm entsteht. Diese Fläche beschneiden Sie dann zur Blütenblattform (Zeichnung 1), danach wird der Streifen wieder auseinandergefaltet (Zeichnung 2). Um eine duftige Blumenrosette zu bekommen, müssen zunächst die ersten 4 Blattabschnitte zur Blütenmitte lose zusammengerollt werden; dann wird der übrige Streifen gerüscht und gleichzeitig weiter um die Blütenmitte gewickelt. Die so entstandene Blüte wird an ihrem unteren Ende mit einem 14 cm langen Draht sehr fest zusammengebunden (Zeichnung 3). Ein 4 cm langes Drahtende muß als Stiel stehenbleiben, damit die Blüten in den Hartschaumkranz gesteckt werden können.
Umwickeln Sie den Kranz noch mit 3 cm breiten, grünen Kreppapierstreifen, die in ihrer Länge dehnbar sein müssen. Und dann bestecken Sie den Kranz mit den 36 Blüten (Zeichnung 4). Zum Schluß zupfen Sie die Blüten noch ein wenig zurecht, damit der Blütenkranz schön rund und gleichmäßig aussieht.

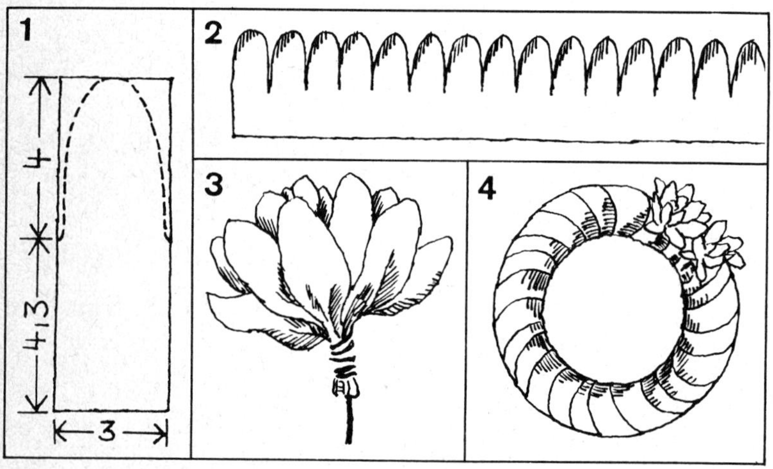

Zigeunerblume

Ungewöhnlich und fast ein wenig exotisch ist die Zigeunerblume. Man kann sie bei den Volksfesten in Spanien und Südfrankreich bewundern. Doch brauchen Sie kein Zigeuner zu sein, wenn Sie Zigeunerblumen selber machen wollen.
Sie brauchen nur Kreppapier, Blumendraht, dazu Kombizange, Schere, Metermaß und Alleskleber. Für eine Blüte schneiden Sie einen Streifen, 18 cm breit und 50 cm lang, wobei die Kreppapierbreite die Länge des Streifens ergibt. Der Streifen muß in seiner Breite dehnbar sein. Sie falten ihn einmal der Länge nach (Zeichnung 1), dann schneiden Sie von der Faltkante aus bis auf 2,5 cm an die Schnittkanten heran Abschnitte von 1,5 cm Breite. Und dann kommt das Besondere an der Zigeunerblume. Mit der Spitze einer geschlossenen Schere (es geht auch mit einer Nagelfeile) und etwas Geschicklichkeit werden die einzelnen Abschnitte mit einer markanten Mittelrille versehen (Zeichnung 2). Die linke Hand hält den Streifen fest, zwischen rechtem Daumen und der Scherenspitze wird ein Abschnitt nach dem anderen in seiner Mitte scharf gerillt und zugleich gedehnt, so daß sich die einzelnen Abschnitte leicht kräuseln. Danach wird der Streifen zur Blüte zusammengerafft und mit einem 35 cm langen Draht fest zusammengebunden (Zeichnung 3), der gleichzeitig einen 20 cm langen Stiel ergibt. Mit einem 2 cm breiten Kreppapierstreifen (in der Farbe der Blüte) werden Blütenansatz und Stiel umwickelt (Anfang und Ende mit etwas Klebstoff befestigen).

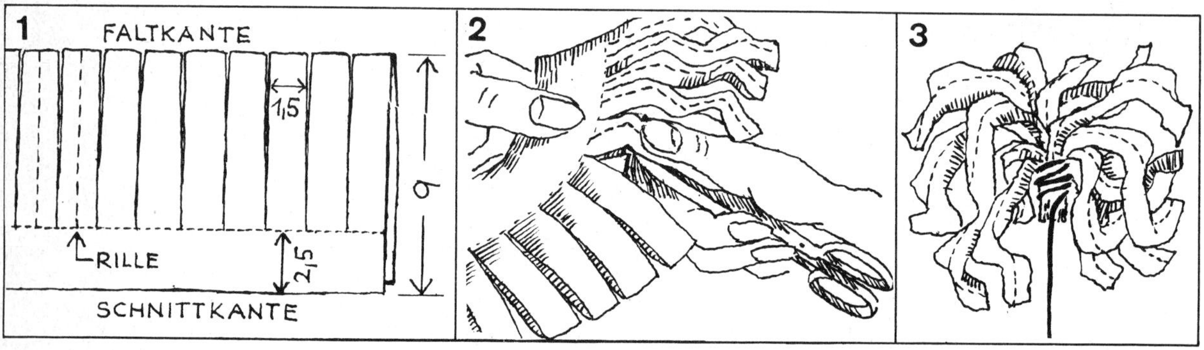

Petite fleur

leicht, gut möglich mit 2. Schulj.

Petite fleur, die »kleine Blume«, ist eine der einfachsten Blüten in diesem Buch, dabei ist sie zierlich und liebenswürdig. Sie können die Petite fleur spielend leicht herstellen. Schon in kurzer Zeit ist ein ganzer Blütenberg fertig. Die kleinen Blumen lassen sich zum Beispiel zu pomponartigen Sträußen, Hängekugeln oder zu Girlanden binden. Haben Sie schon einmal daran gedacht, wie Sie mit ein paar Farbtupfern Ihre Küche verschönern könnten? Vielleicht mit einem Petite-fleur-Sträußchen? Machen Sie sich einen Strauß in Ihren Lieblingsfarben, und stellen Sie ihn ins Küchenregal oder aufs Fensterbrett. Beginnen wir mit dem Material: Sie brauchen Kreppapier in einer oder mehreren Farben, Silberdraht, dazu Schere, Metermaß, Zirkel oder einen kreisrunden Gegenstand zum Herstellen einer Schablone von 8 cm Durchmesser. Zunächst fertigen Sie diese Schablone an. Dann schneiden Sie von einer geschlossenen Kreppapierrolle ein 10 cm breites Stück ab, falten es zu einer flachen Lage auf und schneiden mit Hilfe der Schablone auf einmal ungefähr 20 Papierscheiben aus. Um den Scheiben eine kleine Wölbung zu geben, dehnt man mit beiden Daumen jedes Papierrund von der Mitte her in Dehnrichtung etwas aus (Zeichnung 1). Danach greift man mit den Zeigefingern in die Wölbung und rafft nun gleichzeitig mit allen Fingern das Papier zu einer krausen, kegelförmigen Blüte zusammen. Dann wird die Papiermitte zu einem 1 cm langen Blütenansatz gedreht, den man mit dem Ende eines etwa 17 cm langen Silberdrahtes fest umwickelt (Zeichnung 2). Der entstandene Silberdrahtstengel wird nicht umwickelt.

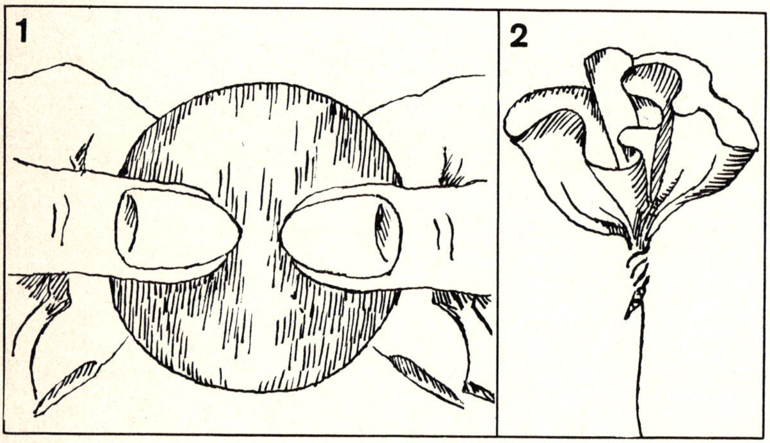

Girlande

Wenn Sie sich mit der Petite fleur ein wenig angefreundet haben, wird sich vielleicht bald einmal eine Gelegenheit finden, bei der Sie diese Blumen für eine Girlande verwenden möchten. Da gibt es natürlich verschiedene Möglichkeiten für Gestaltung, Farbgebung und Anwendung. Sie werden selbst entscheiden, welche Farben Ihre Girlande haben soll. Zu bedenken ist der Anlaß: zum Beispiel eine kunterbunte Girlande für den Kindergeburtstag, eine einfarbige, vielleicht sogar weiße Girlande für eine Hochzeitstafel. Für eine Einladung zum Nachmittagskaffee wäre vielleicht eine »bunte« Girlande aus verschiedenen Rottönen besonders hübsch. (Bei den Krepppapieren gibt es ungefähr 3–5 Abstufungen jeder Hauptfarbe.)

Die Girlanden können Sie dann noch in beliebige Formen biegen: zum Kreis, Halbkreis oder zum Oval, als Rechteck oder zu einer geraden Linie. Eine Petite-fleur-Girlande in Hufeisenform um ein Gedeck gelegt, sehen Sie auf dem Foto rechts. Diese Girlande ist 80 cm lang. Dafür braucht man 66 Blüten mit 10 cm langen Silberdrahtstengeln. Fertige Blüten, wie sie auf Seite 16 beschrieben wurden, dreht man paarweise zusammen und verbindet danach die Blütenpaare im Abstand von 2,5 cm miteinander (Zeichnung unten). Die überstehenden Drahtenden am Schluß der Girlande werden zurückgebogen und mit der Girlandenrippe verbunden. Abschließend wird das fertige Gebinde noch mit ein paar Zupfern ausgeglichen.

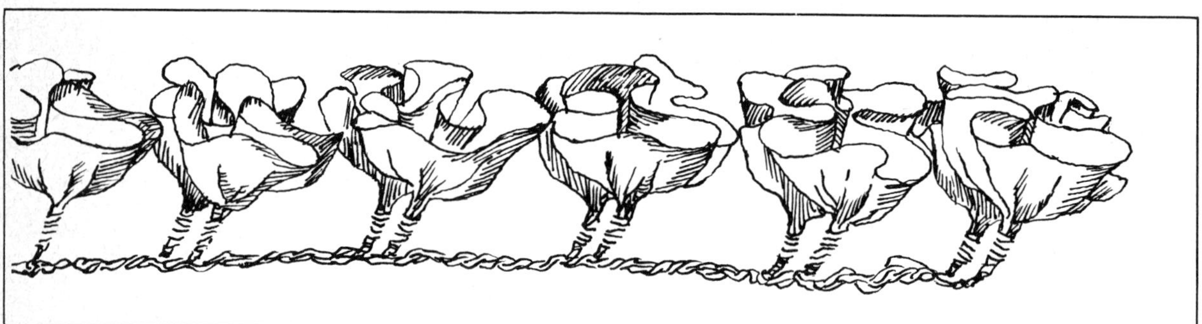

Partyblume

Eine attraktive Blume mit vielen Variationen ist die Partyblume. Ihre füllige Blüte, die schnell und leicht herzustellen ist, eignet sich deshalb ganz besonders zum Schmuck für kleine und große Partys. Wie Sie die Blumenpracht im einzelnen anwenden möchten und welche Farben Sie dazu wählen wollen, sei Ihrer Phantasie überlassen. Das Farbfoto auf Seite 21 zeigt Ihnen, wie sich ein kugelrunder Partyblumenstrauß in ein Bäumchen verwandelt hat. Eine Girlande aus den gleichen Blüten ist ebenfalls eine wirkungsvolle Partydekoration.

5—10 Kreppapierrollen in schön abgestimmten Farbtönen genügen für eine üppige Dekoration. Außer dem Papier brauchen Sie noch Silberdraht, grünen Blumendraht, dazu Schere, Kombizange und Metermaß. Alle Partyblumen bestehen jeweils aus 2 verschiedenfarbigen, 48 cm langen Papierstreifen. Die Streifen müssen in der Länge dehnbar sein.

In der Herstellung hat die Partyblume gewisse Ähnlichkeit mit den Blüten des Blütenkranzes (Seite 12/13). Wir zeigen und beschreiben Ihnen vier verschiedene Blütenvariationen der Partyblume (Typ A–D).

Typ A: Die beiden verschiedenfarbigen Streifen sind je 7 cm breit und 48 cm lang. Eine Streifenlänge wird 4mal aufeinandergefaltet, bis eine Fläche von 3×7 cm entsteht (Zeichnung 1 a). Sie beschneiden diese Fläche zur Blütenblattform, wie es die gestrichelte Linie auf der Zeichnung angibt. Danach wird der Streifen wieder auseinandergefaltet. Der unbeschnittene Streifen wird jetzt zur Blütenmitte (drehend) gekräuselt und mit Silberdraht 2 cm über ihrem unteren Ende fest zusammengebunden (Zeichnung 1 b). Dann heften Sie mit etwas Klebstoff den Anfang des anderen Streifens an die Blütenmitte, um die dieser Streifen dann drehend zur Blüte gerüscht wird. Den Blütenansatz umwickelt man mit einem 36 cm langen grünen Blumendraht, der gleichzeitig den 20 cm langen Stengel ergibt. (Fertige Blüte: Foto A.)

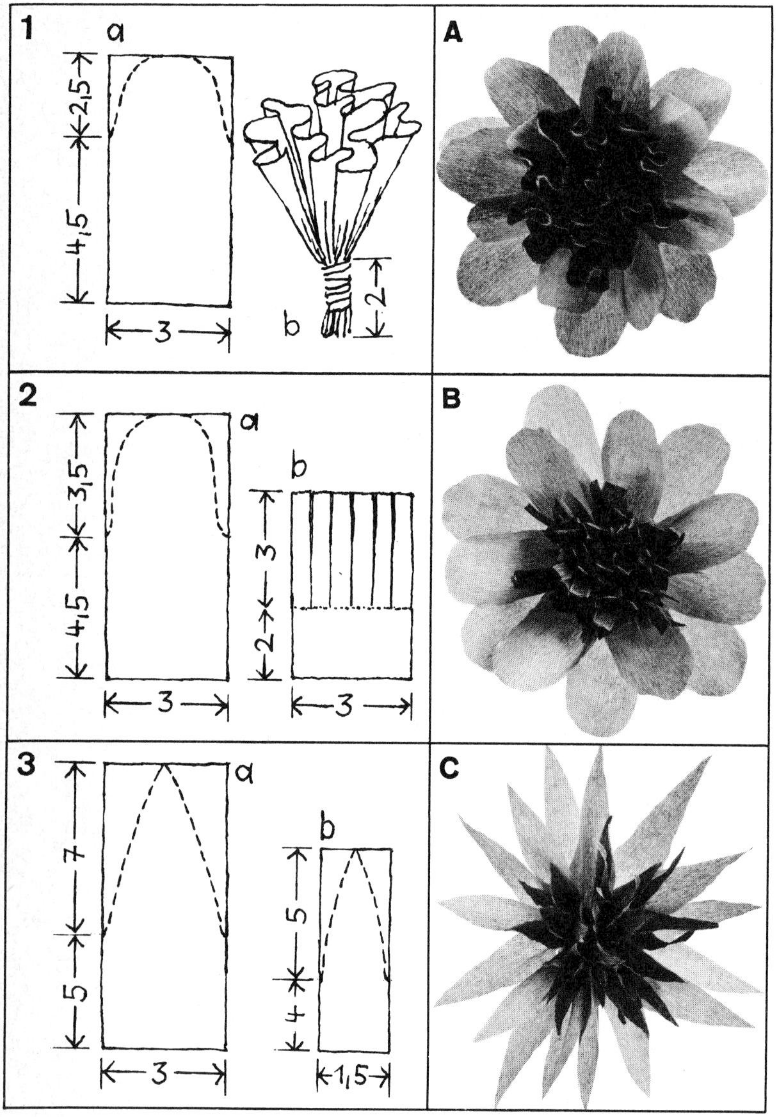

Typ B: Beide verschiedenfarbigen Streifen sind 8 bzw. 5 cm breit. Wie beim Blütentyp A wird nur ein Streifen, hier der 8 cm breite, zum Blütenblattstreifen geschnitten (Zeichnung 2 a). Der andere Streifen wird auch 4mal aufeinandergefaltet, aber dann in 5 mm breite Fransen zerschnitten, bis auf 2 cm an den unteren Rand heran (Zeichnung 2 b). Nach dem Auseinanderfalten rüschen Sie den Fransenstreifen zu einer buschigen Blütenmitte zusammen, die Sie unterhalb der Fransen fest mit Silberdraht umwickeln. Dann wird die Blüte (Foto B) genauso wie der Blütentyp A vollendet.

Typ C: Es werden wieder 2 verschiedenfarbige, 12 bzw. 9 cm breite Streifen zu Blütenblattformen geschnitten, jedoch sollen es dieses Mal spitze Blattformen werden. Der breite Streifen wird wie bisher 4mal aufeinandergefaltet und, wie Zeichnung 3 a zeigt, beschnitten. Den schmalen Streifen für die Blütenmitte falten Sie 5mal aufeinander und beschneiden ihn nach Zeichnung 3 b. Die Weiterverarbeitung zur fertigen Blüte erfolgt wie bei den Blütentypen A und B. Die fertige Blüte zeigt Foto C.

macht im 2. Schulj. große Mühe ; großer Zeitaufwand

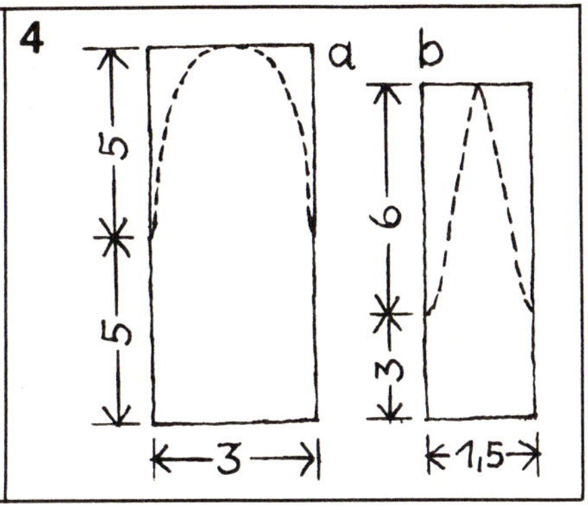

Typ D: Dieser Blütentyp ist eine Verbindung von spitzen und runden Formen in 2 verschiedenen Farben. Die beiden Streifen sind 10 bzw. 9 cm breit. Der breite Streifen wird 4mal gefaltet und nach Zeichnung 4 a beschnitten; der schmale Streifen 5mal gefaltet und nach 4 b beschnitten. Verarbeitet werden die Blüten wie die anderen. Foto D zeigt die fertige Blüte.
Und so läßt sich die Reihe der Variationen fortsetzen: spitze oder runde, lang- oder kurzblättrige, krause oder gefranste Streifenformen in verschiedenen Breiten und Farben beliebig zusammengestellt.
Wie Sie nun das Partybäumchen herstellen können, ist schnell gesagt. Für die Baumkugel (etwa 35 cm Durchmesser) werden 35 langstielige Blumen zu einem Kugelstrauß zusammengebunden und an einem stärkeren Draht oder Stöckchen befestigt. Das Stämmchen umkleidet man mit Alu-Haushaltsfolie und steckt es in eine mit Kreppapier bezogene und mit Sand gefüllte Konservendose.
Wie man Girlanden herstellt, lesen Sie auf Seite 18.
Das Farbfoto zeigt auch, wie schön die Partyblumen in einer einheitlichen Farbabstimmung wirken können – vom Hellblau bis zum Dunkelviolett.

Spiralblume

Auch diese Blüten auf langen, dünnen Stengeln haben den Vorzug, daß man sie mit ganz geringen Mitteln und ohne großen Zeitaufwand anfertigen kann. Das nebenstehende Foto zeigt, daß die Spiralblumen, bei aller Einfachheit ihrer Blütenformen, zum Strauß gebunden bezaubernd aussehen.
Für einen solchen Strauß brauchen Sie an Material: Kreppapier (vielleicht in 3—4 verschiedenen Farbtönen), grünen Blumendraht, dazu Schere, Metermaß und Alleskleber.
Schneiden Sie von der geschlossenen Kreppapierrolle einen 8 cm breiten Abschnitt, den Sie nach dem Auseinanderrollen in 50 cm lange Streifen aufteilen. Dann können Sie mit dem Zusammendrehen der ersten Blüte beginnen. Rollen Sie zunächst 8—10 cm eines Streifens für die Blütenmitte leicht zusammen, dann müssen Sie den Rest des Streifens in weiter Spiralform um die Mitte herumrüschen (Zeichnung 1). Der Durchmesser einer Blüte sollte ungefähr 9 cm betragen. Mit einem grünen Blumendraht wird der Blütenansatz fest zusammengebunden; der Rest des Drahtes bildet den dünnen Stengel. Mit einem schmalen Kreppapierstreifen – am besten in der Blütenfarbe – braucht dann nur noch die Drahtumwicklung am Blütenansatz verkleidet zu werden (Zeichnung 2), und schon ist eine Spiralblume fertig.

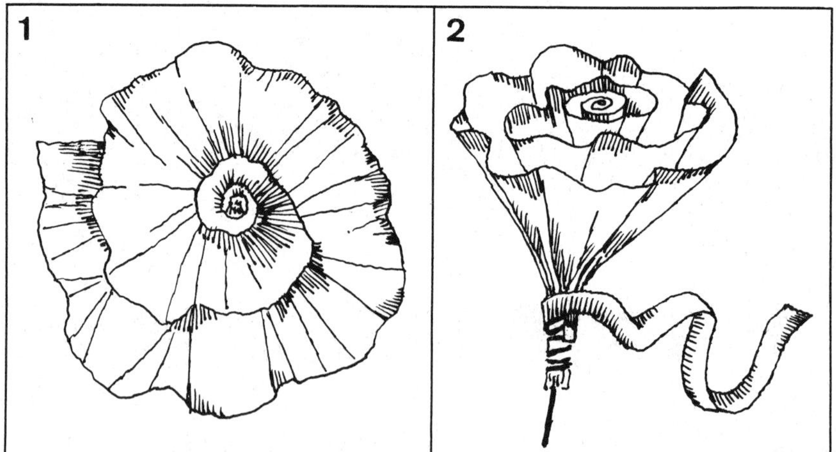

Osterblume

Auf dem abgebildeten Osterfrühstückstisch sehen Sie, wie man einfache, weiße Eierbecher in eine blühende Tischdekoration verwandeln kann. Aber es muß nicht unbedingt Ostern sein, wenn man den Frühstückstisch mit farbenfrohen Papierblumen schmücken will.
An Material braucht man: Ravensburger Faltpapier für Origami (19×19 cm, in verschiedenen Farben), Buntpapierblättchen (gummiert), dazu Schere, Zirkel, Alleskleber, Farbstifte zum Bemalen der Eier, hartgekochte Eier und Eierbecher.
Zeichnen Sie auf die Rückseite eines Faltpapiers das untenstehende Schema für die Blütenrosette (Zeichnung 1) folgendermaßen auf: Zuerst ergibt der Schnittpunkt der Diagonalen den Mittelpunkt des Quadrates. Um diesen Punkt ziehen Sie einen äußeren Kreis, der die Papierränder berührt, und einen inneren Kreis, dessen Durchmesser 1 cm größer als der Durchmesser Ihrer Eierbecher sein soll. Zeichnen Sie zwischen äußeren und inneren Kreis nebeneinander 6 gleiche Blütenblattformen, am besten mit einer Schablone (Zeichnung 2); ein Viertel des Kreisringes bleibt frei. Schneiden Sie jetzt die aufgezeichnete Figur sauber aus, und schneiden Sie anschließend die Rosettenmitte bis zum Rosettenmittelpunkt hin ein. Sie drehen die farbige Papierseite nach oben und schieben die Rosettenmitte zu einem Trichter zusammen, bis ein gleichmäßiger Blütenstern entsteht. Die übereinandergeschobenen Papierflächen werden mit Klebstoff befestigt. Dann bekleben Sie die Blütenblätter noch mit bunten Klebeblättchen. Anschließend malen Sie auf die gekochten Eier mit Farbstiften bunte Ringe. Durch die Vielfalt der Farben entsteht so eine lustige bunte Tafel.

punktierte Linie = Diagonale

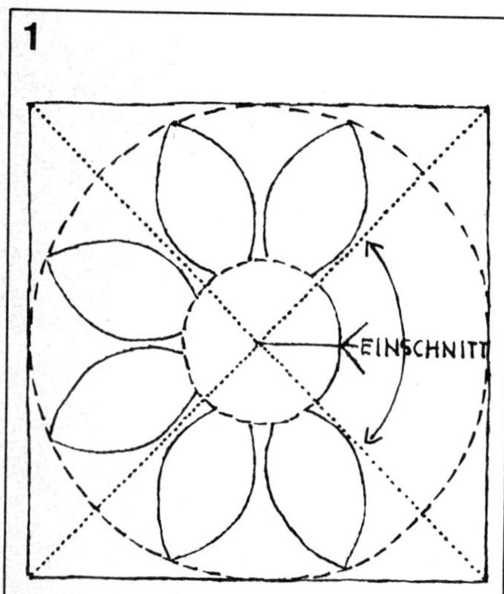

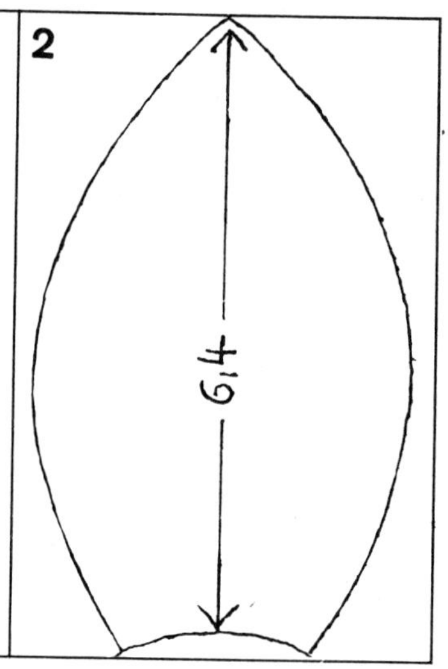

Rosettenblume

punktierte Linie = Faltlinie

Farbenprächtig und erfrischend sehen diese Blütenrosetten aus Faltpapier für Origami aus. Sie sind so leicht zu machen, daß selbst Kinder unter Anleitung sie schon basteln und als lustigen Strauß zum Geburtstag oder Muttertag verschenken können. Aber auch die großen Leute werden sich diese bunten Faltpapierblüten gern selbst machen und zu einem leuchtenden Bukett binden. Überraschen Sie doch einmal Ihre Gäste an einem heißen Sommertag mit erfrischenden Getränken und bunten Blumen, die nicht welken.

Doch zunächst das benötigte Material: Ravensburger Faltpapier für Origami (19×19 cm, in vielen Farben), etwas Kreppapier, Glas- oder Holzperlen, Silberdraht, grüner Blumendraht, dazu Schere, Kombizange und Alleskleber.

Schneiden Sie zunächst einen Vorrat an Faltpapierquadraten von 9,5×9,5 cm, wobei Sie die Originalgrößen vierteilen. Nun falten Sie alle Quadrate folgendermaßen (Zeichnung 1): Ecke C wird auf Ecke A gelegt (a/b), die Farbseite nach innen. Dann faltet man die Ecken B und D aufeinander (c), danach Ecke D vor und Ecke B hinter dem Faltgebilde her auf die Ecke AC (d). Alle Faltbrüche sollte man möglichst scharf falzen, da sie der Blüte ihre ausgeprägte Form geben sollen.

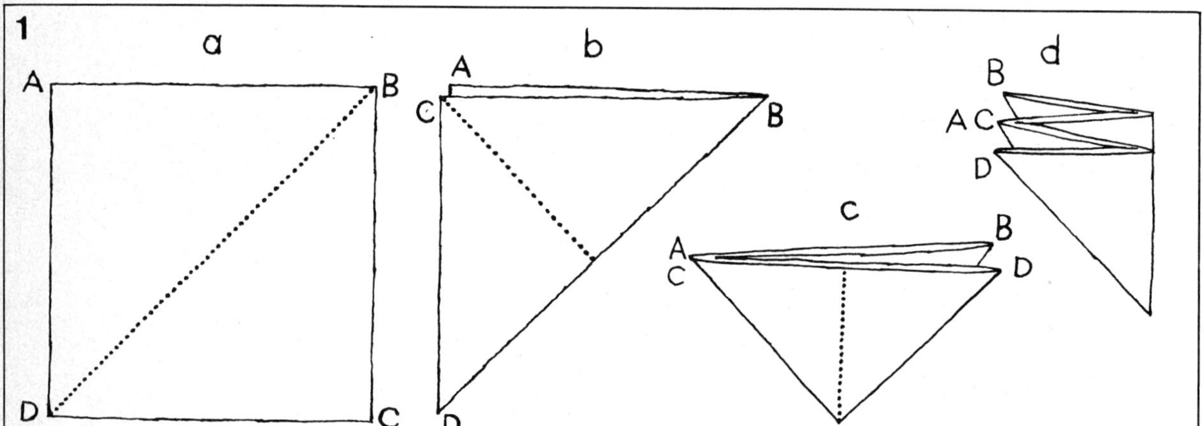

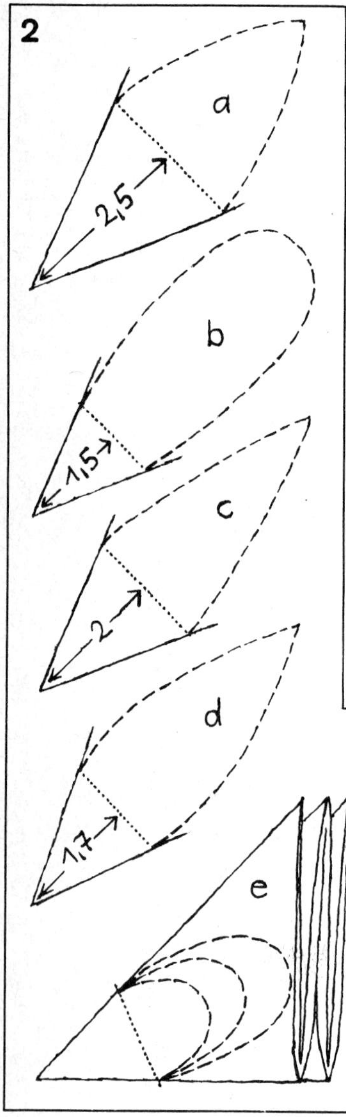

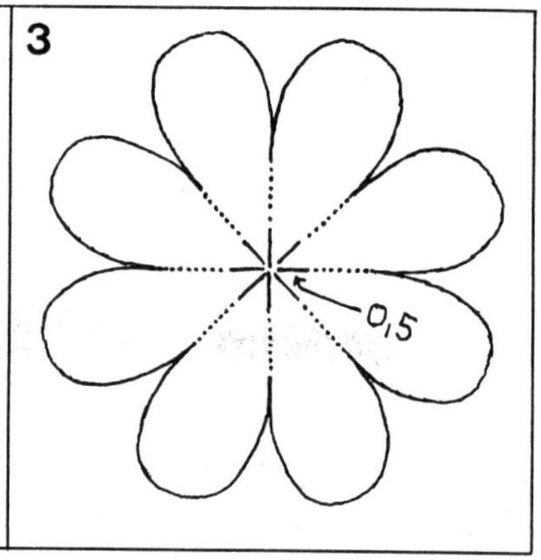

Für die Rosetten, die aus den gefalteten Papierdreiecken geschnitten werden, gibt es nun 4 Muster (Zeichnung 2 a–d), zudem jedes in 2–3 Größen (Zeichnung 2 e gilt als Beispiel für alle Muster). Es sind also im ganzen 12 verschiedene Muster, die Sie für die Rosettenblüten (in vielen Farben) beliebig zusammenstellen können. Zeichnen Sie daher auf die gefalteten Papierdreiecke nach dem links abgebildeten System (Zeichnung 2) die entsprechenden Blattformen und schneiden diese aus. Wenn Sie die geschnittenen Papiere auseinanderfalten, sind die Rosettenformen fertig.

Zeichnung 3 zeigt eine aufgefaltete Rosette. An diesem Beispiel sehen Sie, wo man jede Rosettenmitte noch sternförmig 0,5 cm einschneiden muß. Für jede Blüte sollten Sie sich nun noch eine schmückende Blütenmitte ausdenken und herstellen, die später in die eingeschnittene Rosettenmitte gesteckt wird. Wie Sie auf dem Blütenarrangement nebenan sehen, lassen sich diese Mitten entweder aus Glas- und Holzperlen oder aus gekräuselten oder gefransten Kreppapierstreifen (3,5 cm breit, 40 cm lang) anfertigen. Eine Arbeitsanleitung finden Sie auf den Seiten 8 bis 10 und 20 bis 21.

Nun stecken Sie die fertigen Blütenmitten in die sternförmigen Einschnitte der Rosetten und befestigen unterhalb der Blütenrosette einen 30 cm langen Blütenstengel aus grünem Blumendraht. Zum Schluß verkleidet man nur die Drahtwicklungen an den Blütenansätzen mit grünen Kreppapierstreifen.

Der Blütenrahmen zur Einleitung dieses Buches (Seiten 6 und 7) gibt Ihnen Anregungen dafür, wie Sie die Rosettenblumen zusammenstellen können.

gestrichelte Linie = Schnittlinie

Bonbonblüte

Bei diesen Bonbonblüten denkt man sicher zuerst an die Kinder und vielleicht auch an das Märchen vom Schlaraffenland, an Blumen, die man vom Baum pflücken und essen kann. Deshalb ist dieser Bonbonbaum auf einem Kinderfest eine sehr willkommene Überraschung. Wie lustig so ein Schlaraffenbäumchen aussieht, zeigt das nebenstehende Farbfoto. Und daß es auch gar nicht schwer herzustellen ist, werden Sie beim Lesen merken.

Für die Blüten braucht man verschiedenfarbige Kreppapiere, eingewickelte Bonbons, Schokoladenkugeln, eventuell Pralinen, Silberdraht, Blumendraht, eine alte Konservendose und Sand, Alu-Haushaltsfolie und Cellophan, einen Obstbaumzweig, dazu Schere, Kombizange und Metermaß.

Für jede Blüte braucht man einen 40 cm langen und 12 cm breiten Streifen Kreppapier. Der Streifen muß in der Länge dehnbar sein. Jeder Streifen wird der Länge nach zu einem 6 cm breiten Streifen zusammengefaltet. Die Faltkante wird dehnend ausgestrichen, so daß ein leicht gerüschter Rand entsteht (Zeichnung 1). Es ist ratsam, sich gleich einen Streifenvorrat aus verschiedenen Farben zu schaffen.

Nun nehmen Sie ein Bonbon und wickeln den Kreppapierstreifen so um das eine Ende des Bonbonpapiers, daß eine gedrehte Rosette von etwa 6–8 cm Breite das Bonbon umhüllt (Zeichnung 2). Der untere

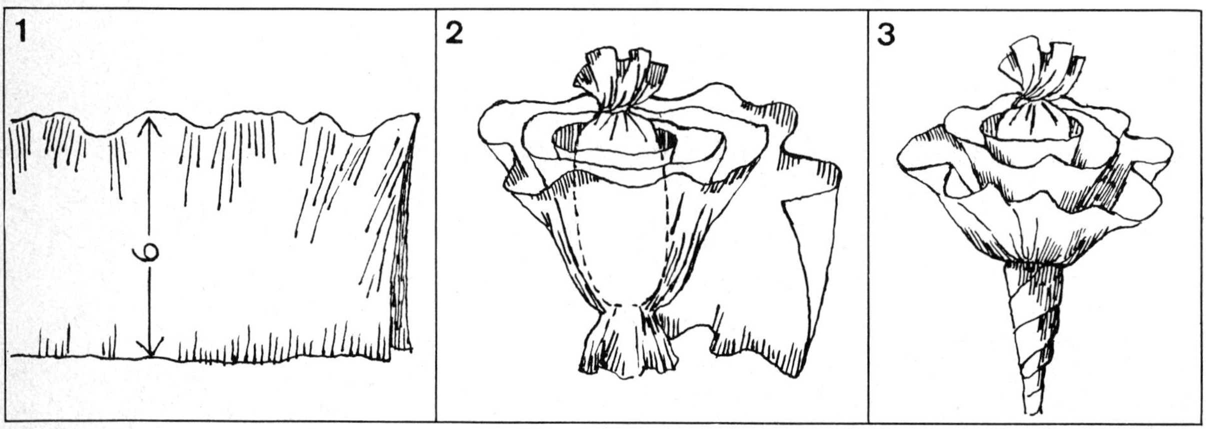

Rosettenrand wird ganz fest mit einem 35 cm langen Blumendraht zusammengehalten; der Rest des Drahtes – etwa 10 cm – wird dann später für das Befestigen am Baum benötigt. Mit einem 2,5 cm breiten Kreppapierstreifen werden noch Blütenansatz und Stiel umwickelt, dabei Anfang und Ende mit Klebstoff angeheftet (Zeichnung 3).
Wollen Sie für die süßen Blüten Schokoladenkugeln verwenden, werden diese mit Alu-Haushaltsfolie überzogen, wobei ein etwa 2 cm langer Stiel nach unten hin entstehen sollte. Um diesen Stiel wickeln Sie dann, wie schon beschrieben, den Kreppapierstreifen zu einer neuen Blüte. Noch eine dritte Möglichkeit: Pralinen mit oder ohne Förmchen. Diese werden in etwas Cellophan gepackt; auch hier muß wieder ein 2 cm langer Stiel für das Befestigen des Kreppapierstreifens vorgesehen werden. Zur besseren Weiterverarbeitung sollten Sie den Cellophanstiel mit etwas Silberdraht fest umwickeln – und dann wie bisher als Blütenmitte verwenden.
Wenn Sie nun ungefähr 20 von diesen 3 Blütentypen fertig haben, können Sie schon einen schöngewachsenen Zweig in ein blühendes Schlaraffenbäumchen verzaubern. Sie umwickeln ihn noch mit Kreppapierstreifen und stecken ihn in eine mit Kreppapier verkleidete und mit Sand gefüllte Konservendose. Schließlich werden die Bonbonblüten, hübsch verteilt, am Zweig befestigt, am besten so, daß die Kinder sie sich am Ende des Festes selber abpflücken können.
Aber auch unter den großen Leuten gibt es immer wieder solche, die gern Süßigkeiten essen: Speziell für sie ist das Arrangement mit den gleichen Bonbonblüten hergestellt worden. Das Foto auf der rechten Seite zeigt Ihnen das fertige Bukett aus Bonbonblüten.
Dafür brauchen Sie eine Halbkugel aus Hartschaum (Styropor), die mit Alu-Haushaltsfolie verkleidet wird, und ein Berliner-Weiße-Glas, in das man die silberne Halbkugel legt, die flache Seite nach oben. Nun werden die einzelnen Blüten zu einem Bukett gesteckt. Dann schneiden Sie noch etwa 35 Blätter aus grünem Kreppapier, binden je 3–4 mit Blumendraht zusammen und stecken sie noch rings um das Blumenbukett herum in den Hartschaum.

Wollen Sie auf das Glas verzichten, legen Sie die Hartschaum-Halbkugel flach auf einen Teller und dekorieren die Rundung zu einem Bonbonblumenbukett. Dieses Arrangement eignet sich gut als Tischschmuck.

Tropenblüte

Von üppiger Schönheit, die an die verschwenderische Vegetation der Südsee erinnert, sind diese farbenprächtigen Riesenblüten. Sie könnten sich auch in Ihrer Wohnung schön und leuchtend entfalten, denn es ist gar nicht schwer, diese Tropenblüten aus Kreppapier selber herzustellen. Sie werden überrascht sein, welche Freude diese Papierarbeit macht.

Schon eine einzelne Tropenblüte, in ein schönes Gefäß gestellt, ist ein attraktiver Zimmerschmuck zu allen Jahreszeiten. Ob Sie nun Ihre Tropenblüte Ton in Ton (wie das Foto zeigt) oder in Kontrastfarben halten möchten, bleibt Ihrem Geschmack überlassen.

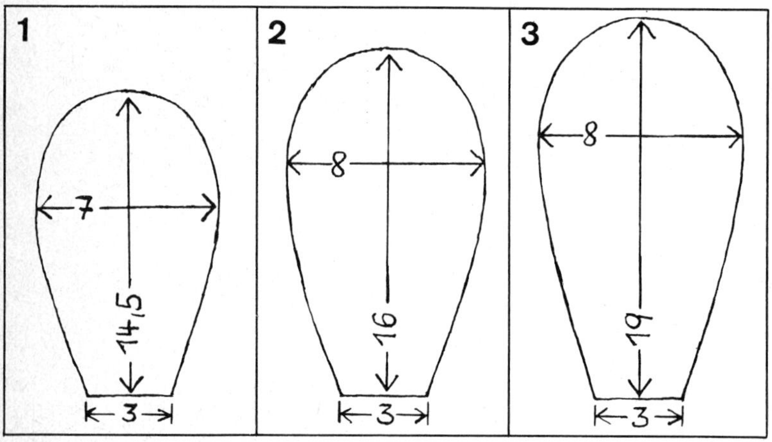

Für eine Blüte brauchen Sie an Material: 3 verschiedenfarbige Kreppapierrollen, Blumendraht, 3 mm starken Draht, dazu Schere, Kombizange, Alleskleber und Metermaß. Eine Blüte besteht aus 80 Blüten- und 15 Kelchblättern. Zunächst schneiden Sie von der ganzen Breite einer Kreppapierrolle eine Bahn von 40 cm Länge ab und falten sie längs der Maserung 2mal aufeinander zu einer Breite von 10 cm, darauf in der Querrichtung durch 2maliges Einschlagen auf eine Länge von 17 cm. Aus dieser Papierlage von 10 × 17 cm werden – am besten mit Hilfe einer vorgefertigten Schablone – auf einmal 12 innere Blütenblätter geschnitten (Blattform wie Zeichnung 1). Schneiden Sie dann von einer andersfarbigen, noch geschlossenen Kreppapierrolle einen Abschnitt von 18 cm, klappen ihn auf und schneiden – mit Hilfe einer 2. Schablone (Zeichnung 2) – auf einmal etwa 24 mittlere Blätter heraus. Genauso werden mit einer 3. Schablone (Zeichnung 3) aus einer weiteren Farbe 44 Außenblätter geschnitten. Wichtig ist: Alle 80 Blätter müssen in der Breite dehnbar sein. Sie werden an ihrer breitesten Stelle etwas gedehnt, so daß in den

DECCA
STEREO
MITH
ECT

Blattflächen eine leichte Wölbung entsteht.

Ehe Sie jetzt mit der Gestaltung der Blüte beginnen, bereiten Sie schon den Blütenstengel aus einem 40 cm langen, 3 mm starken Draht vor, dessen oberes Ende Sie zu einer 4 cm langen Öse umbiegen. Nun ordnen Sie die 12 inneren Blätter zur Blütenmitte, die Blattwölbung nach innen gerichtet. Dazu wird das 1. Blatt in sich zusammengerollt, das nächste gegenständig leicht darumgelegt, ebenso das 3., 4. und alle übrigen Innenblätter, bis alle 12 ineinandergelegten Blätter eine etwa 7 cm breite Blattrosette gebildet haben. An ihrem Kelchende (3 cm lang) wird die Blütenmitte mit einem 40 cm langen Blumendraht fest umwickelt. Mit dem Rest des Drahtes befestigt man die Blütenmitte an der Öse des vorbereiteten Blütenstengels (Zeichnung 4). Und nun klebt man die 24 mittleren Blätter fächerförmig auf die drahtumwickelte Öse um die Blütenmitte herum (Zeichnung 5). Dann folgen die 44 äußeren Blätter in gleicher Anordnung. Zum Schluß werden alle Blätter der äußersten Reihe noch mit ein paar Klebstofftupfern angeheftet, um die Form der Tropenblüte zu festigen.

Zur Vollendung der Blume müssen Sie schließlich noch etwa 15 spitze, 14 cm lange Kelchblätter aus einer der Blütenblattfarben schneiden, die Kreppmaserung in Längsrichtung. Die Kelchblätter werden unterhalb des Blütenkelches rundherum und in 2 Etagen angeklebt. Mit einem 4 cm breiten Kreppapierstreifen (in Farbe der Kelchblätter) umwickelt man dann die Klebestellen und den ganzen Stengel (Anfang und Ende mit Klebstoff befestigen). Und dann ist eine Tropenblüte fertig.

1

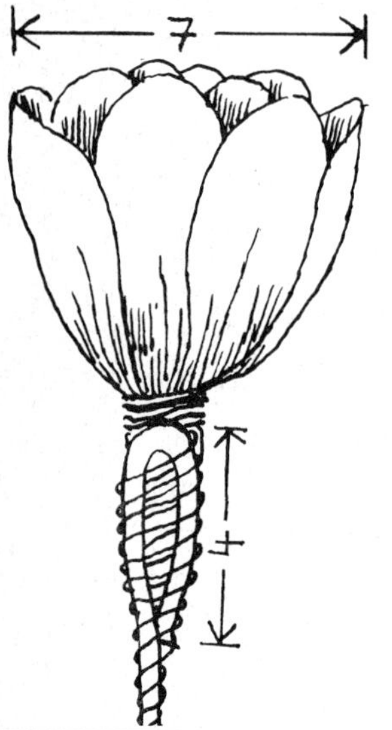

2

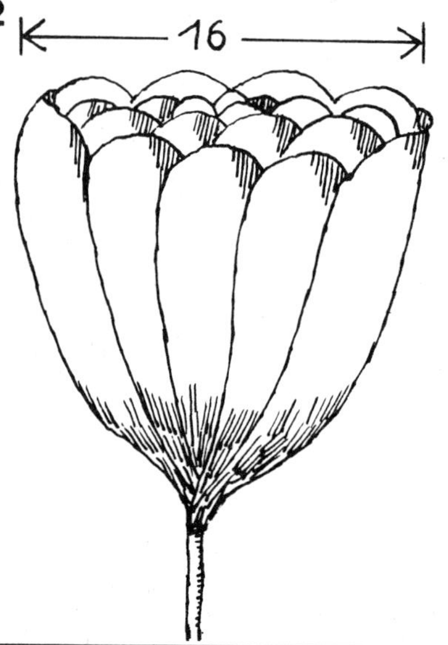

Wickelblume

Auf dem farbigen Titelbild dieses Buches haben Sie die dekorativen Wickelblumen schon gesehen. Vielleicht haben Sie dabei Lust bekommen, solch einen Papierblumenstrauß auch auf Ihren Tisch zu stellen, natürlich in den zu Ihrer Wohnungseinrichtung passenden Farben.
Selbst wenn Sie schon andere Papierblumen gearbeitet hätten, werden Sie erstaunt sein über die vielfältigen Gestaltungsmöglichkeiten und die immer wieder neuen Wirkungen des Kreppapiers. Wie Sie ebenfalls auf dem Buchumschlag sehen, lassen sich Wickelblumen sehr wirkungsvoll in farbige Gefäße stellen. Und wie elegant man denselben Strauß mit seinen dünnen, farbigen Stielen in einem neutralen, durchsichtigen Glas dekorieren kann, zeigt das Schwarz-Weiß-Foto auf Seite 2/3.
Für einen Strauß Wickelblumen braucht man an Material: verschiedenfarbiges Kreppapier (je Farbe 1 Rolle), Silberdraht, Blumendraht, dazu Schere, Metermaß und Alleskleber.
Für jede Blüte sind 2 Kreppapierstreifen in 2 Farben nötig. Beide Streifen müssen 40 cm lang, 12 cm breit und in der Länge dehnbar sein. Die Streifen werden der Länge nach zu 6 cm breiten Streifen zusammengefaltet. Man streicht die Faltkanten dehnend aus, so daß leicht gerüschte Ränder entstehen. Vielleicht arbeitet man sich gleich einen kleinen Vorrat von diesen Streifen in verschiedenen Farben.
Nun wird der erste Streifen zur Blütenmitte zusammengedreht und an seinem unteren Ende mit Silberdraht zusammengehalten. Den zweiten Streifen wickeln Sie um die Blütenmitte herum (Zeichnung). Das untere Ende der dabei entstandenen Rosette wird mit einem 36 cm langen Blumendraht fest abgebunden, wobei 25 cm für den Blütenstengel übrigbleiben müssen. Jede fertige Blüte sollte etwa 7 cm breit sein. Schließlich umwickeln Sie noch Blütenansatz und Stengel mit einem 2–3 cm breiten Kreppapierstreifen in der Farbe der Blütenmitte. Dabei heften Sie Anfang und Ende des Kreppapierstreifens mit Klebstoff an, eventuell auch den Übergang vom Blütenansatz zum dünnen Drahtstengel.
Sie werden sehen, wie wenig Zeit Sie brauchen, um diesen prächtigen Papierblumenstrauß herzustellen.

Blüten-bäumchen

Die Blüten dieses reizenden Bäumchens (30 cm hoch, 20 cm breit) werden ähnlich wie die Wickelblumen gearbeitet. Der einzige Unterschied besteht darin, daß die eng zusammengerüschten Mitten nur aus 20 cm langen Streifen bestehen. Die Blüten können aber auch ohne Mitte sein, wie das Foto zeigt.
Im ganzen brauchen Sie 20 Blüten, die mit ihren umwickelten Stengeln so zusammengedreht werden, daß eine geschlossene, kugelartige Blütenkrone entsteht. Als Baumstämmchen nimmt man einen 25 cm langen und 3 mm starken Draht.
An einem Ende wird eine 3 cm lange Öse umgebogen, an die man die zusammengedrehten Stengel der Blütenkrone mit Draht befestigt.
12 grüne Blätter mit Silberdrahtrippen werden noch mit ihren Drahtenden sternförmig unterhalb der Blütenkrone an der Öse befestigt.
Dann wird das Stämmchen mit grünem Kreppapier umwickelt. Man kann nun das Bäumchen in eine schöne Flasche oder einen mit Plaka-Farben angemalten und mit Sand gefüllten Blumentopf stellen.
Oder man steckt es in eine Konservendose, die mit Kreppapier bezogen wird.

Dieses Kugelbäumchen in einer grün angemalten Papiermanschette wurde in einen ebenso grünen Kerzenleuchter gestellt. Alles zusammen vielleicht ein Geschenk zu festlichen Gelegenheiten.
Die weißen Blüten sind Wickelblumen aus Streifen, deren Faltkanten nur sehr leicht zusammengedrückt und nicht ausgestrichen werden. Kleine Weihnachtskugeln an Silberdraht-Stielen bindet man mit in das Bukett hinein.

Silvesterblume

Wer eine Silvesterparty gibt, möchte seine Gäste wahrscheinlich auch mit irgendeiner lustigen und zugleich festlichen Dekoration überraschen.
Dafür eignen sich die Silvesterblumen mit den kostbaren Perlenmitten ganz besonders. Mit diesen biegsamen Blumen und ein wenig Phantasie können Sie die schönsten Dekorationen – für den Tisch, für ein Kaltes Büfett oder als Schmuck für die Wand – ausdenken.

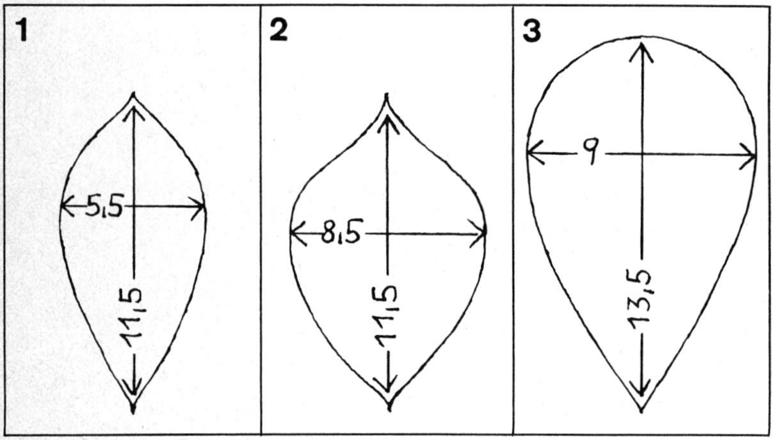

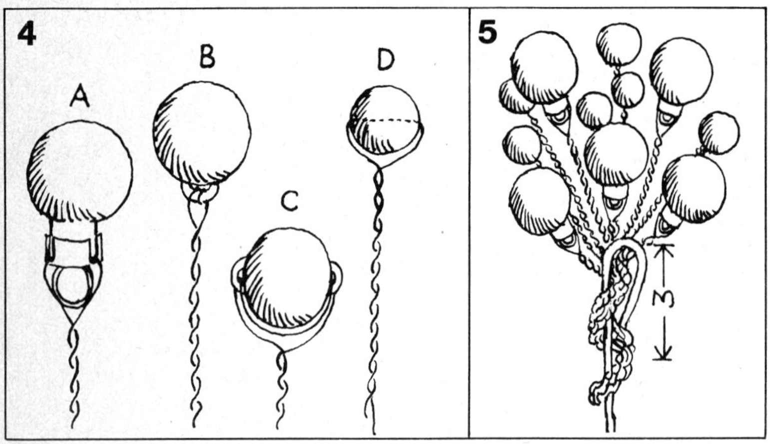

An Material brauchen Sie: 2–3 Kreppapierfarben je Blüte, Silberdraht (möglichst in geraden Stücken vom Blumenhändler), 3 mm starken Draht für die Stengel, kleine Weihnachtskugeln und Perlen, dazu Schere, Kombizange und Alleskleber.
Wie Ihnen das Rückseitenfoto zeigt, unterscheiden sich die einzelnen Blüten lediglich durch drei verschiedene Blütenblattformen (Zeichnung 1–3), verschiedene Farben und unterschiedlich zusammengestellte Blütenmitten. Für die rote und die beiden grünen Blumen braucht man je Blüte 18 fertige Blütenblätter in 2 Farbabstufungen. Für die blaue Blume sind ungefähr 24 fertige Blütenblätter in 3 verschiedenen Blautönen nötig.
Man beginnt mit der Perlenmitte: Glaskugeln (A) (Kunststoffkugeln mit einer (B) oder zwei (C) Ösen) und Perlen (D) werden an 17 cm langen Silberdrähten befestigt (Zeichnung 4). Als Perlenmitte wird dann alles

Blessing

mit den Stielen zum Bukett zusammengedreht. Darauf binden Sie die Perlenmitte an eine 3 cm lange Öse eines 3 mm starken Drahtes fest (Zeichnung 5).
Die Blütenblätter schneiden Sie mit Hilfe von Schablonen (Zeichnung 1–3) aus der Papierlage einer aufgeklappten Kreppapierrolle. Die Blätter müssen in der Breite dehnbar sein. Dann wird ein 17 cm langer Silberdraht der Länge nach auf die Mitte eines Blütenblattes geklebt (eine dünne Klebstofflinie genügt). Auch die Blattränder betupft man mit Klebstoff. Darauf legen Sie deckend ein zweites Blatt und drücken beide Blätter fest aufeinander. Mit den Drahtrippen und durch leichtes Dehnen der Blattbreiten wölbt man dann die Blütenblätter nach innen. Danach werden sie mit den überstehenden Silberdrahtenden (6 cm lang) nacheinander an der Stengelöse in 2–3 Schichten rund um die Perlenmitte befestigt. Blütenansatz und Stengel umwickelt man noch mit einem bunten Kreppapierstreifen und vollendet die Blüte schließlich zur ausgeglichenen Form durch Biegen der Blattrippen.
Die große weiße Blüte, die Sie auf dem nebenstehenden Foto sehen, ist eine Variante der farbigen Silvesterblumen. Wie Sie sehen, wurde hier auf den üppigen Perlen- und Glaskugel-Schmuck verzichtet. Eine buschige Fransenmitte, ebenfalls aus weißem Kreppapier, ist schneller gemacht und sogar billiger, aber deshalb nicht weniger schön.
Für diese Mitte schneidet man einen 60 cm langen und 16 cm breiten Streifen aus weißem Kreppapier. Der Streifen muß in der Länge dehnbar sein. Dann wird er der Länge nach zu einem 8 cm breiten Streifen leicht zusammengefaltet (die Faltkante nicht scharf knicken). Anschließend schneidet man von der Faltkante her, bis auf 3 cm an die unteren Schnittkanten heran, 1 cm breite Streifen. Nun wird der Fransenstreifen zu einer buschigen Blütenmitte zusammengerüscht und sein unteres Ende fest mit Blumendraht umwickelt. Die Fransenmitte wird (entsprechend der hier sonst üblichen Perlenmitte) weiterverarbeitet.
Die Blütenblattform dieser weißen Silvesterblume kann von der Zeichnung 3 (Seite 44) abgenommen werden. Die Blüte besteht aus 15 fertigen Blättern.